Mikrobildungssätze
Mathematik

AF272503

Schuldirektor Vincent Hohne

Mikrobildungssätze

Mathematik

Bibliografische Information der Deutschen Nationalbibliothek
Die Deutsche Nationalbibliothek verzeichnet diese Publikation in der Deutschen Nationalbibliografie; detaillierte bibliografische Daten sind im Internet über http://dnb.d-nb.de abrufbar.

ISBN: 978-3-8192-6584-6

Einleitung

Ich war es leid. Ich war es leid, immer wieder
Schüler anzusehen, die beim einfachsten Satz im
Lehrbuch das Gesicht verzogen, als hätte man
ihnen ein lateinisches Rätsel vorgelegt. Also
änderte ich alles. Ich nahm das, was sonst
aufgeblasen daherkommt – und presste es
zusammen.

Ich nannte es Mikrobildungssätze.
Ich testete sie an meiner eigenen Schule, in Berlin,
in einer Hauptschulklasse, von der man sagte, sie
könne man „nur noch durchwinken". Ich winkte
nicht. Ich setzte sie hin und ließ sie lesen. Nicht
erklären. Nicht diskutieren. Nur lesen. Und was
geschah?
Sie wussten es.

Nicht alles auf einmal. Aber das, was sie lasen,
saß fest. Ein Satz – ein Funke. Nicht verstanden,
sondern verankert. Nicht durchdrungen, sondern
eingeprägt.
Es war keine Magie. Es war Struktur. Die radikale
Vereinfachung auf das Wesentliche. Kein
Beiwerk. Keine Fremdwörter. Keine
„tiefergehenden" Übungen. Nur das Wissen – in
seiner nacktesten Form.
Ich sage dir: Du musst nichts verstehen. Du musst
nicht klug sein. Du musst nur lesen.
Und wenn du das tust – regelmäßig, ruhig, ohne
Druck – dann wirst du sehen, was meine Schüler
sahen:

Dass man auch mit wenigen Wörtern mehr wissen kann als andere mit hundert Büchern.
Dies ist mein Versprechen. Und meine Einladung.

Vincent Hohne
Schuldirektor a.D., Berlin

Mikrobildungssätze – Mathematik

Eins plus eins ist zwei.
Zwei mal zwei ist vier.
Vier durch zwei ist zwei.
Zehn minus fünf ist fünf.
Null ist nichts.
Null mal alles ist null.
Mit Klammern rechnet man zuerst.
Punktrechnung kommt vor Strichrechnung.
Fünf mal null ist null.
Hundert ist zehn mal zehn.
Eine Million hat sechs Nullen.
Ein Drittel ist weniger als die Hälfte.
Ein Viertel von hundert ist fünfundzwanzig.
Zehn Prozent von hundert sind zehn.
Zehn Prozent von fünfzig sind fünf.
Eine gerade Zahl endet auf 0, 2, 4, 6 oder 8.
Eine ungerade Zahl endet auf 1, 3, 5, 7 oder 9.
Gerade plus gerade ist gerade.
Ungerade plus ungerade ist gerade.
Gerade plus ungerade ist ungerade.
Minus mal Minus ergibt Plus.
Plus mal Minus ergibt Minus.
Ein Quadrat hat vier gleiche Seiten.
Ein Rechteck hat gegenüberliegende gleiche
Seiten.
Ein Kreis hat keinen Anfang und kein Ende.
Der Umfang eines Kreises ist Pi mal Durchmesser.
Pi ist ungefähr 3,14.
Eine Stunde hat sechzig Minuten.
Ein Tag hat vierundzwanzig Stunden.
Ein Jahr hat zwölf Monate.
Eine Woche hat sieben Tage.

Der Dezember ist der zwölfte Monat.
Zwei Hälften ergeben ein Ganzes.
Zwei Viertel ergeben eine Hälfte.
Vier Viertel sind eins.
Ein Zentimeter sind zehn Millimeter.
Ein Meter sind hundert Zentimeter.
Tausend Meter sind ein Kilometer.
Ein Kilogramm sind tausend Gramm.
Eine Tonne sind tausend Kilogramm.
Ein Liter sind tausend Milliliter.
Brüche kann man kürzen.
Zwei Viertel ist dasselbe wie ein Halb.
Zehn Zwanzigstel sind ein Halb.
Der Nenner steht unten.
Der Zähler steht oben.
Man darf beim Bruch oben und unten durch
dieselbe Zahl teilen.
Ein halber Apfel ist weniger als ein ganzer.
Zahlen kann man addieren, subtrahieren,
multiplizieren und dividieren.
Eine Rechnung kann mehrere Rechenarten
enthalten.
Das Ergebnis heißt Summe, wenn man addiert.
Das Ergebnis heißt Differenz, wenn man
subtrahiert.
Das Ergebnis heißt Produkt, wenn man
multipliziert.
Das Ergebnis heißt Quotient, wenn man dividiert.
Eine Zahl kann positiv oder negativ sein.
Null ist weder positiv noch negativ.
Ein Thermometer zeigt Zahlen.
Wenn es kalt ist, sind die Zahlen negativ.
Wenn es warm ist, sind sie positiv.
Eine Funktion ist eine Zuordnung.

Jeder x-Wert hat einen y-Wert.

In einer Tabelle stehen Werte.

Ein Schaubild zeigt Zahlen als Bild.

Ein Koordinatensystem hat eine x-Achse und eine y-Achse.

Die x-Achse ist waagerecht.

Die y-Achse ist senkrecht.

Ein Punkt hat einen Ort.

Eine Gerade ist unendlich lang.

Zwei parallele Linien treffen sich nie.

Zwei sich schneidende Linien haben einen Schnittpunkt.

Ein Winkel wird in Grad gemessen.

Ein rechter Winkel hat 90 Grad.

Ein spitzer Winkel ist kleiner als 90 Grad.

Ein stumpfer Winkel ist größer als 90 Grad.

Ein Kreis hat 360 Grad.

Ein Dreieck hat drei Seiten.

Die Winkel im Dreieck ergeben zusammen 180 Grad.

Ein gleichseitiges Dreieck hat drei gleiche Seiten.

Ein gleichschenkliges Dreieck hat zwei gleiche Seiten.

Ein rechter Winkel im Dreieck macht es rechtwinklig.

Der Satz des Pythagoras gilt nur im rechtwinkligen Dreieck.

$a^2 + b^2 = c^2$.

Winkel kann man messen.

Zahlen kann man ordnen.

Größer als wird mit > geschrieben.

Kleiner als wird mit < geschrieben.

Gleich wird mit = geschrieben.

Fünf ist größer als drei.

Drei ist kleiner als fünf.

Drei ist gleich drei.

Zahlen auf der Zahlengerade stehen in Reihenfolge.

Links ist weniger.

Rechts ist mehr.

Zehnerpotenzen schreiben große Zahlen einfach.

Eine Milliarde hat neun Nullen.

Ein Prozent ist ein Hundertstel.

Zehn Prozent sind ein Zehntel.

Fünfzig Prozent sind die Hälfte.

Prozent heißt „von hundert".

Man kann Prozent in Brüche umwandeln.

Man kann Brüche in Dezimalzahlen umwandeln.

0,5 ist ein Halb.

0,25 ist ein Viertel.

0,75 sind drei Viertel.

Dezimalzahlen kann man runden.

Aufrunden heißt, man geht zur nächsten Zahl.

Abrunden heißt, man bleibt bei der alten.

Fünf wird aufgerundet.

Vier wird abgerundet.

Die erste Nachkommastelle heißt Zehntel.

Die zweite heißt Hundertstel.

Die dritte heißt Tausendstel.

Zahlen mit Komma heißen Dezimalzahlen.

Komma ist nicht gleich Punkt.

Zahlen erzählen Geschichten.

Mathematik ist überall.

Ein Dreieck kann spitzwinklig, rechtwinklig oder stumpfwinklig sein.

Ein Würfel hat sechs gleiche Flächen.

Ein Quader hat rechteckige Flächen.

Die Fläche ist das, was innen liegt.

Der Umfang ist das, was außen herumgeht.

Fläche misst man in Quadratmetern.

Umfang misst man in Metern.

Volumen misst man in Litern oder Kubikmetern.

Ein Würfel mit der Kantenlänge 1 m hat ein Volumen von 1 m³.

Die Fläche eines Rechtecks ist Länge mal Breite.

Der Umfang eines Rechtecks ist zweimal Länge plus zweimal Breite.

Die Fläche eines Dreiecks ist Grundlinie mal Höhe durch zwei.

Der Radius geht vom Mittelpunkt bis zum Rand.

Der Durchmesser ist doppelt so lang wie der Radius.

Pi ist eine unendliche Zahl.

Man kann Pi nicht genau aufschreiben.

Die Fläche eines Kreises ist Pi mal Radius mal Radius.

Der Umfang eines Kreises ist Pi mal Durchmesser.

Ein Zylinder hat einen Kreis oben und unten.

Die Mantelfläche eines Zylinders ist ein Rechteck.

Ein Kegel hat eine Spitze.

Ein Würfel hat acht Ecken.

Ein Würfel hat zwölf Kanten.

Ein Quader kann unterschiedlich lange Kanten haben.

Zahlen kann man schriftlich addieren.

Zahlen kann man schriftlich subtrahieren.

Beim schriftlichen Multiplizieren schreibt man

Stellen untereinander.

Beim schriftlichen Dividieren nennt man das Ergebnis den Quotienten.

Beim Dividieren kann ein Rest übrigbleiben.

Ein Rest ist das, was nicht ganz passt.

Eine gemischte Zahl ist eine ganze Zahl und ein Bruch.

Zwei ganze sind mehr als ein ganzer.

Kommazahlen kann man addieren.

Kommazahlen kann man subtrahieren.

Beim Rechnen mit Komma muss man die Kommastellen beachten.

Ein Dezimeter ist zehn Zentimeter.

Ein Hektoliter sind hundert Liter.

Ein Hektar sind zehntausend Quadratmeter.

Eine Zahl, die nur durch eins und sich selbst teilbar ist, heißt Primzahl.

Zwei ist die kleinste Primzahl.

Drei, fünf, sieben sind auch Primzahlen.

Vier ist keine Primzahl.

Ein Vielfaches ist eine Zahl, die in einer Reihe liegt.

Fünf, zehn, fünfzehn sind Vielfache von fünf.

Ein Teiler passt genau in eine Zahl.

Fünf ist ein Teiler von zehn.

Zwei ist ein Teiler von acht.

Der größte gemeinsame Teiler ist der größte, der in beide Zahlen passt.

Das kleinste gemeinsame Vielfache ist die kleinste Zahl, die in beide Reihen passt.

Eine Zahl kann gerade oder ungerade sein.

Gerade Zahlen teilen sich ohne Rest durch zwei.

Ein Zahlenstrahl zeigt die Richtung der Zahlen.

Negative Zahlen liegen links von null.

Positive Zahlen liegen rechts von null.

Ein Thermometer kann unter null gehen.
Minus zehn Grad ist kälter als minus fünf.
Minuszeichen zeigt Schulden oder Kälte.
Pluszeichen zeigt Gewinn oder Wärme.
Eine Tabelle sortiert Zahlen.
Eine Liste kann auf- oder absteigend sein.
Runden macht Zahlen einfacher.
Kaufmännisch runden bedeutet: ab fünf wird
aufgerundet.
Bei vier und weniger wird abgerundet.
Der Mittelwert ist die Summe geteilt durch die
Anzahl.
Der Durchschnitt ist der Mittelwert.
Der Modus ist die Zahl, die am häufigsten
vorkommt.
Der Median ist die mittlere Zahl, wenn man
sortiert.
Eine Umfrage kann man mit einem
Kreisdiagramm zeigen.
Ein Balkendiagramm zeigt Vergleiche.
Ein Liniendiagramm zeigt Veränderungen.
Eine Prozentzahl ist ein Anteil.
Dreißig Prozent ist fast ein Drittel.
Zehn Prozent Rabatt spart ein Zehntel.
Wenn du von hundert etwas abziehst, sinkt der
Prozentwert.
Prozentrechnung ist Dreisatz.
Der Dreisatz hilft bei Vergleichen.
Wachstum kann linear oder exponentiell sein.
Linear heißt: es wächst gleichmäßig.
Exponentiell heißt: es wächst schneller.
Zinseszins ist Wachstum mit Wiederholung.
Ein Kredit kostet Zinsen.
Ein Guthaben bringt Zinsen.

Eine Bank rechnet mit Prozenten.
Brüche kann man gleichnamig machen.
Gleichnamig heißt: gleicher Nenner.
Zum Addieren braucht man gleichnamige
Brüche.
Ein Prozent ist eins von hundert.
Ein Promille ist eins von tausend.
Promille wird oft bei Alkohol gemessen.
Wahrscheinlichkeit ist ein Maß für Chancen.
Eine faire Münze hat eine Wahrscheinlichkeit von
50 % für Kopf.
Ein Würfel hat sechs Seiten.
Die Wahrscheinlichkeit für eine Zahl auf dem
Würfel ist ein Sechstel.
Wahrscheinlichkeiten liegen zwischen null und
eins.
Null heißt: unmöglich.
Eins heißt: sicher.
Brüche sind auch Wahrscheinlichkeiten.
Ein Baumdiagramm zeigt mögliche Ergebnisse.
Ein Zufallsexperiment hat mehrere Ausgänge.
Mathematik ist auch
Wahrscheinlichkeitsrechnung.
Ein Term ist eine Rechenanweisung.
Ein Term kann Buchstaben enthalten.
x steht oft für eine unbekannte Zahl.
Eine Gleichung hat ein Gleichheitszeichen.
Man kann Gleichungen umstellen.
Ziel ist: x allein auf einer Seite.
Was man auf der einen Seite macht, muss man
auf der anderen auch machen.
Gleichungen kann man lösen.
Ungleichungen zeigen: eine Seite ist größer oder
kleiner.

Eine Formel ist eine Gleichung mit Bedeutung.
Die Flächenformel ist eine Formel.
Formeln muss man einsetzen.
Einsetzen heißt: Zahl statt Buchstabe.
Manchmal muss man auflösen.
Ein Graph zeigt, wie x und y zusammenhängen.
Ein linearer Graph ist eine gerade Linie.
Ein steigender Graph geht nach rechts oben.
Ein fallender Graph geht nach rechts unten.
Mathematik kann gezeichnet werden.
Zahlen lügen nicht.
Wer Zahlen versteht, versteht die Welt.

Ein Dezimalbruch ist ein Bruch mit Zehnerpotenz im Nenner.

0,1 ist ein Zehntel.

0,01 ist ein Hundertstel.

0,001 ist ein Tausendstel.

Man kann Brüche als Kommazahlen schreiben.

Kommazahlen sind praktische Brüche.

Ein Dezimalbruch endet nach dem Komma.

Ein periodischer Bruch wiederholt sich.

1 geteilt durch 3 ist 0,333…

Das nennt man Periode.

Ein Bruch mit Periode kann in Klammern geschrieben werden.

1/3 = 0,(3)

Zahlen können rational oder irrational sein.

Rationale Zahlen kann man als Bruch schreiben.

Irrationale Zahlen kann man nicht als Bruch schreiben.

Wurzel aus 2 ist irrational.

Wurzelziehen ist die Umkehr von Potenzieren.

$2^2 = 4$, also ist $\sqrt{4} = 2$.

Wurzel aus 9 ist 3.

Wurzel aus 16 ist 4.

Die Quadratwurzel ist die Zahl, die mal sich selbst das Ergebnis ergibt.

3^2 heißt: 3 mal 3.

Potenzieren ist wiederholtes Multiplizieren.

2^3 heißt: 2 mal 2 mal 2.

Eine Potenz hat eine Basis und einen Exponenten.

Der Exponent steht oben klein.

2 hoch 4 ist 16.

Alles hoch null ist eins.

Alles hoch eins ist die Zahl selbst.

Zehn hoch drei ist tausend.

Zehn hoch sechs ist eine Million.
Zehnerpotenzen erleichtern große Zahlen.
Negative Exponenten bedeuten: geteilt durch.
Zehn hoch minus eins ist 0,1.
Zehn hoch minus zwei ist 0,01.
Exponentialfunktionen wachsen sehr schnell.
Logarithmus ist die Umkehr von Potenz.
Logarithmen fragt: „Wie oft multipliziert?"
Der Logarithmus von 100 zur Basis 10 ist 2.
Weil $10^2 = 100$.
In Textaufgaben sind Zahlen versteckt.
Wörter wie „insgesamt" deuten auf Addition.
Wörter wie „Unterschied" deuten auf Subtraktion.
„Pro Stück" deutet auf Multiplikation.
„Gleichmäßig aufteilen" deutet auf Division.
Sich Einheiten zu merken, hilft beim Lösen.
„Wie viel bleibt übrig?" bedeutet oft Rest.
„Doppelt so viel" ist mal zwei.
„Halb so viel" ist geteilt durch zwei.
„Mehr als" ist Plus.
„Weniger als" ist Minus.
Bei Geld sind zwei Kommastellen üblich.
Ein Euro sind hundert Cent.
1,99 ist weniger als 2,00.
Preise werden oft knapp unter einer runden Zahl
gesetzt.
Das nennt man psychologische Preisgestaltung.
Rabatte senken den ursprünglichen Preis.
Ein Rabatt von 20 % senkt 100 € auf 80 €.
Der neue Preis heißt Endpreis.
Mehrwertsteuer ist ein Aufschlag.
19 % auf 100 € ergibt 119 €.
Brutto ist mit Steuer.
Netto ist ohne Steuer.

Brutto – Netto = Steuerbetrag.
Bei Zinsrechnung ist der Zinssatz entscheidend.
Zinsen pro Jahr nennt man Jahreszins.
Zinseszins rechnet auch auf die alten Zinsen.
Kapital mal Zinssatz durch hundert = Zinsen.
Wachstum über Zeit braucht mehrere Schritte.
Ein Prozentwachstum pro Jahr steigert langsam.
Bei Zinseszins steigt es immer schneller.
Mathematik kann auch Wirtschaft erklären.
Mathematik hilft beim Sparen.
Mathematik hilft beim Schuldenrechnen.
Mathematik hilft beim Verhandeln.
Ein Graph kann eine Beziehung zeigen.
Zwei Größen können direkt oder umgekehrt
zusammenhängen.
Direkt heißt: Wenn das eine wächst, wächst das
andere.
Umgekehrt heißt: Wenn das eine wächst, sinkt
das andere.
Ein Dreisatz rechnet mit drei bekannten Werten.
Der vierte wird gesucht.
Wenn mehr Äpfel mehr kosten, ist es direkt
proportional.
Wenn mehr Arbeiter weniger Zeit brauchen, ist es
umgekehrt proportional.
Bei direkter Proportionalität: alles mal gleich viel.
Bei umgekehrter: größer bei kleinerem.
Proportionale Zuordnungen kann man als Linie
zeichnen.
Nicht proportionale Linien gehen nicht durch Null.
Je mehr Übung, desto sicherer wirst du.
Je klarer du liest, desto mehr merkst du.
Je öfter du liest, desto besser bleibt es.
Wissen braucht keine Erklärungen, wenn es klar

ist.

Wiederholen ist der Schlüssel.

Mathematik beginnt bei den Grundlagen.

Ein starker Anfang bringt starken Erfolg.

Wer rechnen kann, wird nicht betrogen.

Wer denkt, rechnet schon.

Mathematik ist Klarheit.

Mathematik ist Ordnung.

Mathematik ist Wahrheit.

Und Wahrheit kann man lernen – Satz für Satz.

Eine Uhr hat zwölf Stunden.

Nach zwölf kommt eins.

Eine Stunde hat sechzig Minuten.

Eine Minute hat sechzig Sekunden.

Viertel vor acht ist 7:45 Uhr.

Viertel nach acht ist 8:15 Uhr.

Dreiviertel acht ist 7:45 Uhr – in manchen Regionen.

Zehn nach halb neun ist 8:40 Uhr.

Wer rechnen kann, kommt pünktlich.

Wer addiert, kann planen.

Wer subtrahiert, versteht die Zeit.

Mathematik steckt in jedem Fahrplan.

Mathematik steckt im Backrezept.

Zwei Eier plus zwei Eier sind vier Eier.

Ein Pfund hat fünfhundert Gramm.

Ein Zentner sind fünfzig Kilogramm.

Eine Tonne sind tausend Kilogramm.

Ein Dutzend sind zwölf Stück.

Ein halbes Dutzend sind sechs.

Ein Paar sind zwei.

Man kann Mengen zählen.

Man kann Mengen schätzen.

Ein gutes Schätzen liegt nahe an der Zahl.

Runden ist auch eine Schätzung.
Beim Einkaufen rechnet man mit.
3 × 0,99 € sind weniger als 3 €.
Ein Cent ist ein Hundertstel von einem Euro.
Fünf mal zwanzig Cent sind ein Euro.
Ein Pfand von 0,25 € wird beim Zurückgeben
erstattet.
Mathematik spart Geld.
Mathematik verhindert Fehler.
Man kann eine Packung teilen.
Ein halber Apfel ist nicht weniger wert.
Teilen kann gerecht sein.
Geteilt bedeutet: auf mehrere verteilen.
Wenn man eine Pizza durch vier teilt, bekommt
jeder ein Viertel.
Zwei Viertel sind eine Hälfte.
Drei Viertel ist mehr als die Hälfte.
Beim Kochen hilft das Umrechnen.
200 Milliliter ist ein Fünftel Liter.
Ein Teelöffel hat etwa fünf Milliliter.
Ein Esslöffel hat etwa fünfzehn Milliliter.
Rezepte brauchen Rechnen.
Backzeiten brauchen Minuten.
Temperatur braucht Verständnis.
180 Grad Ober- und Unterhitze sind kein Kreis.
Ein Grad ist keine Strecke.
Zehn Grad mehr bedeutet mehr Energie.
Stromverbrauch wird in Kilowattstunden
gemessen.
Eine Kilowattstunde kostet Geld.
Stromsparende Geräte rechnen sich.
Wer Strom spart, spart Geld.
Verbrauch kann man messen.
Ein Tacho zeigt Geschwindigkeit.

Kilometer pro Stunde ist das Maß.
60 km/h bedeutet: ein Kilometer in einer Minute.
Ein Auto bei 100 km/h fährt etwa 28 Meter pro Sekunde.
Bremst man, zählt jede Sekunde.
Reaktionsweg plus Bremsweg ergibt Anhalteweg.
Mathematik rettet Leben.
Ein Fahrplan braucht Mathematik.
Ein Kalender ist ein Zahlensystem.
Februar hat 28 oder 29 Tage.
Ein Schaltjahr ist alle vier Jahre.
Ein Jahr hat 365 Tage.
Mathematik erklärt Zeit.
Mathematik erklärt Raum.
Ein Würfel hat Raum.
Ein Punkt hat keinen Raum.
Ein Punkt ist eine Stelle.
Eine Linie verbindet Punkte.
Eine Fläche hat Länge und Breite.
Ein Raum hat Länge, Breite und Höhe.
Ein Schatten hat eine Fläche.
Ein Würfel wirft einen Schatten.
Licht und Geometrie hängen zusammen.
Lichtstrahlen kann man verlängern.
Ein Spiegel zeigt Reflexion.
Ein rechter Winkel reflektiert im 90-Grad-Winkel.
Optik nutzt Mathematik.
Architektur braucht Winkel.
Ein Haus steht im rechten Winkel.
Ein schiefes Haus ist gefährlich.
Der Neigungswinkel beeinflusst Stabilität.
Mathematik baut Brücken.
Mathematik baut Häuser.
Mathematik baut Vertrauen.

Wenn du rechnen kannst, kannst du entscheiden.
Wenn du entscheidest, brauchst du Zahlen.
Wenn du nachdenkst, nutzt du Muster.
Ein Muster ist eine Wiederholung.
Zahlenreihen sind Muster.
2, 4, 6, 8 ist ein Muster.
Die Regel ist: plus zwei.
Muster kann man fortsetzen.
Muster kann man unterbrechen.
Mathematik ist die Sprache der Muster.
Musik hat Takt.
Ein Takt hat Schläge.
Vier Viertel sind ein ganzer Takt.
Ein Lied kann gezählt werden.
Mathematik ist in der Musik.
Rhythmus ist Zählen.
Tanz ist Geometrie in Bewegung.
Ein Schritt nach links, ein Schritt nach rechts – ist
Koordination.
Sport braucht Zeit, Raum und Richtung.
Ein Spielstand ist eine Zahl.
Ein Spiel dauert neunzig Minuten.
Halbzeit ist nach fünfundvierzig Minuten.
Verlängerung hat dreißig Minuten.
Mathematik ist auch im Stadion.
Mathematik ist überall.

Zahlen sind Symbole für Mengen.
Ziffern sind die Zeichen von Zahlen.
Unser Zahlensystem hat zehn Ziffern.
Die Ziffern sind: 0, 1, 2, 3, 4, 5, 6, 7, 8, 9.
Die Null wurde in Indien erfunden.
Das Dezimalsystem stammt aus Indien.
Die Araber brachten es nach Europa.
Deshalb sagen wir: arabische Zahlen.
Das römische Zahlensystem kennt keine Null.
Römische Zahlen nutzen Buchstaben.
I steht für 1, V für 5, X für 10.
Zehnerpotenzen entstehen durch Stellen.
In 123 steht die 1 für hundert, die 2 für zehn.
Die Stellenwertschreibweise ist die Grundlage der
Mathematik.
Zehn ist die Basis des Dezimalsystems.
Ein Binärsystem hat nur die Ziffern 0 und 1.
Computer rechnen mit Binärzahlen.
Im Binärsystem bedeutet 10 die Zahl zwei.
Zahlensysteme haben Basen.
Unsere Basis ist zehn.
Basen bestimmen die Stellen.
Ein Dutzendsystem hätte zwölf als Basis.
Im alten Babylon rechnete man mit der Basis 60.
Daher hat die Stunde 60 Minuten.
Auch der Kreis hat 360 Grad wegen Babylon.

Algebra und Rechnen mit Unbekannten
Algebra ist Rechnen mit Buchstaben.
Ein Buchstabe steht für eine unbekannte Zahl.
Die älteste Algebra stammt aus Babylon.
Der Name Algebra kommt aus dem Arabischen.
al-Ğabr bedeutet „das Zusammenfügen".
Der Mathematiker al-Khwarizmi schrieb darüber

im 9. Jahrhundert.
Von seinem Namen kommt das Wort Algorithmus.
Ein Algorithmus ist eine Rechenvorschrift.
Gleichungen sind Aussagen mit einem Gleichheitszeichen.
Eine Gleichung kann man umstellen.
Ziel ist, die Unbekannte zu isolieren.
Was man links macht, muss man auch rechts machen.
Lösungen einer Gleichung sind die Werte, die die Gleichung wahr machen.
Lineare Gleichungen haben keine Hochzahlen.
Quadratische Gleichungen haben x^2.
Die allgemeine Form lautet: $ax^2 + bx + c = 0$.
Quadratische Gleichungen haben bis zu zwei Lösungen.
Die Mitternachtsformel löst sie.
Die Formel lautet: $x = -b \pm \sqrt{(b^2 - 4ac)} / 2a$.
Das unter der Wurzel heißt Diskriminante.
Ist die Diskriminante negativ, gibt es keine reelle Lösung.
Ist sie null, gibt es eine Lösung.
Ist sie positiv, gibt es zwei Lösungen.

Geometrie und Formenlehre
Geometrie ist die Lehre von Formen.
Das Wort Geometrie kommt aus dem Griechischen.
Geo heißt Erde, metrie heißt messen.
Die Griechen nutzten Geometrie für Landvermessung.
Euklid schrieb ein Buch über Geometrie.
Euklid lebte um 300 vor Christus.
Ein Punkt hat keine Ausdehnung.

Eine Strecke ist die kürzeste Verbindung zwischen zwei Punkten.

Eine Linie ist eine unendliche Strecke.

Ein Winkel entsteht durch zwei Strahlen.

Ein rechter Winkel hat 90 Grad.

Ein spitzer Winkel ist kleiner als 90 Grad.

Ein stumpfer Winkel ist größer als 90 Grad.

Ein Kreis hat 360 Grad.

Ein Dreieck hat drei Seiten.

Die Winkelsumme im Dreieck ist 180 Grad.

Ein Viereck hat vier Seiten.

Ein Rechteck hat vier rechte Winkel.

Ein Quadrat ist ein Rechteck mit gleichen Seiten.

Ein Trapez hat ein Paar paralleler Seiten.

Ein Parallelogramm hat gegenüberliegende parallele Seiten.

Ein Würfel hat sechs gleiche Flächen.

Ein Quader ist wie ein Würfel mit ungleichen Seiten.

Ein Prisma hat gleiche Grund- und Deckfläche.

Ein Zylinder hat Kreisflächen.

Ein Kegel hat eine Spitze.

Eine Kugel hat keine Kanten.

Bruchrechnung

Ein Bruch zeigt ein Verhältnis.

Der Zähler steht oben.

Der Nenner steht unten.

Der Nenner zeigt, in wie viele Teile etwas geteilt ist.

Der Zähler zeigt, wie viele Teile gemeint sind.

Ein echter Bruch ist kleiner als eins.

Ein unechter Bruch ist größer als eins.

Ein gemischter Bruch hat eine ganze Zahl und einen Bruchteil.

Brüche kann man kürzen.

Man kürzt, indem man Zähler und Nenner durch dieselbe Zahl teilt.

Brüche kann man erweitern.

Man erweitert, indem man Zähler und Nenner mit derselben Zahl multipliziert.

Zum Addieren brauchen Brüche denselben Nenner.

Beim Addieren bleibt der Nenner gleich.

Die Zähler werden addiert.

Beim Subtrahieren bleibt der Nenner gleich.

Die Zähler werden subtrahiert.

Beim Multiplizieren werden Zähler und Nenner miteinander multipliziert.

Beim Dividieren wird der zweite Bruch umgedreht und multipliziert.

Brüche mit Nenner 10, 100 oder 1000 nennt man Zehnerbrüche.

Zehnerbrüche kann man als Kommazahl schreiben.

Prozentrechnung

Prozent bedeutet: von hundert.
Ein Prozent ist ein Hundertstel.
10 % sind zehn von hundert.
50 % ist die Hälfte.
100 % ist das Ganze.
200 % ist das Doppelte.
Der Grundwert ist das Ganze.
Der Prozentwert ist der Teil.
Der Prozentsatz zeigt das Verhältnis.
Prozentwert = Grundwert mal Prozentsatz durch 100.
Prozentsatz = Prozentwert durch Grundwert mal 100.
Grundwert = Prozentwert durch Prozentsatz mal 100.
Prozent kann man in Brüche oder Dezimalzahlen umwandeln.
1 % = 1/100 = 0,01.
20 % = 1/5 = 0,2.
75 % = 3/4 = 0,75.
Rabatte werden in Prozent angegeben.
Mehrwertsteuer wird in Prozent aufgeschlagen.
Zinsen werden als Prozentwert berechnet.
Zinseszins berücksichtigt Zinsen auf Zinsen.

Rechengesetze

Das Kommutativgesetz gilt für Addition und Multiplikation.
$a + b = b + a$.
$a \times b = b \times a$.
Die Reihenfolge ist egal.
Das Assoziativgesetz gilt für Addition und Multiplikation.
$(a + b) + c = a + (b + c)$.

$(a \times b) \times c = a \times (b \times c)$.

Man kann Klammern verschieben.

Das Distributivgesetz verbindet Addition und Multiplikation.

$a \times (b + c) = a \times b + a \times c$.

Man kann ausklammern.

Man kann zusammenfassen.

Diese Gesetze gelten nicht bei Subtraktion und Division.

Bei Subtraktion und Division ist die Reihenfolge wichtig.

Statistik

Statistik ist die Auswertung von Daten.

Daten sind gesammelte Informationen.

Der Mittelwert ist die Summe aller Werte geteilt durch die Anzahl.

Der Median ist der mittlere Wert einer sortierten Liste.

Der Modus ist der häufigste Wert.

Die Spannweite ist der größte Wert minus der kleinste Wert.

Ein Ausreißer ist ein Wert, der stark abweicht.

Ein Balkendiagramm zeigt Häufigkeiten.

Ein Kreisdiagramm zeigt Anteile.

Ein Liniendiagramm zeigt Veränderungen.

Ein Histogramm ist ein spezielles Balkendiagramm.

Absolute Häufigkeit ist die Anzahl eines Werts.

Relative Häufigkeit ist der Anteil am Ganzen.

Relative Häufigkeit wird oft in Prozent angegeben.

Wahrscheinlichkeitsrechnung

Ein Zufallsexperiment hat ungewissen Ausgang.
Die Ergebnismenge enthält alle möglichen
Ergebnisse.
Ein Ereignis ist ein Teil der Ergebnismenge.
Wahrscheinlichkeit = günstige Fälle / mögliche
Fälle.
Die Wahrscheinlichkeit liegt zwischen 0 und 1.
0 bedeutet: unmöglich.
1 bedeutet: sicher.
0,5 bedeutet: fifty-fifty.
Ein Würfel hat 6 Seiten.
Die Wahrscheinlichkeit für eine Zahl ist 1/6.
Ein fairer Münzwurf hat die Wahrscheinlichkeit 1/2.
Die Gegenwahrscheinlichkeit ist 1 minus die
Wahrscheinlichkeit.
Ein Laplace-Experiment hat gleich
wahrscheinliche Ergebnisse.
Ein Baumdiagramm zeigt mögliche Wege.
Mehrstufige Experimente multiplizieren
Wahrscheinlichkeiten.
Bei „oder" addiert man Wahrscheinlichkeiten.
Bei „und" multipliziert man Wahrscheinlichkeiten.
Unabhängigkeit bedeutet: das eine beeinflusst
das andere nicht.
Ein Glücksrad ist ein Zufallsexperiment.
Eine Lotterie basiert auf Wahrscheinlichkeit.
Wahrscheinlichkeit kann man schätzen oder
berechnen.

Mathematik der Antike

Die ersten Zahlen stammen aus Mesopotamien.
Die Sumerer schrieben Zahlen auf Tontafeln.
Die Babylonier nutzten das Sexagesimalsystem.
Sie rechneten mit der Basis 60.
Deshalb hat eine Stunde 60 Minuten.
Deshalb hat ein Kreis 360 Grad.
Die Ägypter rechneten mit Hieroglyphen.
Sie nutzten Brüche mit dem Zähler 1.
Die Griechen entwickelten die Geometrie.
Euklid schrieb das Werk „Elemente".
Euklid lebte um 300 vor Christus.
Er bewies Sätze logisch aus Axiomen.
Der Satz des Pythagoras stammt aus
Griechenland.
Pythagoras lebte um 500 vor Christus.
In rechtwinkligen Dreiecken gilt: $a^2 + b^2 = c^2$.
Archimedes erfand Methoden zur Flächen- und
Volumenberechnung.
Er näherte den Wert von Pi an.
Die Römer nutzten Zahlen mit Buchstaben.
Römische Zahlen erschweren Rechnen.
Das arabische Zahlensystem stammt aus Indien.
Die Araber verbreiteten es im Mittelalter.
Al-Khwarizmi schrieb das erste Werk über
Algebra.
Von seinem Namen stammt das Wort
Algorithmus.

Moderne Mathematik und berühmte Denker

Carl Friedrich Gauß war ein deutsches
Mathematikgenie.
Er entdeckte die Normalverteilung.
Gauß berechnete schon mit sieben Jahren die

Summe von 1 bis 100.
Leonhard Euler entwickelte viele Symbole.
Er führte das „e" für die Eulersche Zahl ein.
Die Eulersche Zahl ist ungefähr 2,718.
Euler führte das f(x) für Funktionen ein.
Isaac Newton entwickelte die
Infinitesimalrechnung.
Gottfried Wilhelm Leibniz tat dies gleichzeitig.
Beide erfanden unabhängig voneinander die
Ableitung.
Georg Cantor erfand die Mengenlehre.
Er bewies, dass es unendlich viele
Unendlichkeiten gibt.
Kurt Gödel bewies, dass es unbeweisbare
Wahrheiten gibt.
Sein Unvollständigkeitssatz veränderte die
Mathematik.
Alan Turing erfand das Modell des Computers.
Die Turingmaschine ist Grundlage der Informatik.
Emmy Noether war Pionierin der abstrakten
Algebra.
Sie gilt als eine der wichtigsten
Mathematikerinnen der Geschichte.
Die moderne Mathematik nutzt abstrakte
Strukturen.
Logik, Mengen, Beweise und Beweismethoden
sind zentral.

Funktionen und Graphen
Eine Funktion ist eine Zuordnung.
Jedem x-Wert wird genau ein y-Wert zugeordnet.
x ist die unabhängige Variable.
y ist die abhängige Variable.
f(x) ist die Funktionsschreibweise.

Ein Funktionswert ist der y-Wert zu einem x-Wert.
Ein Schaubild einer Funktion nennt man Graph.
Ein Koordinatensystem hat zwei Achsen.
Die x-Achse ist waagerecht.
Die y-Achse ist senkrecht.
Ein Punkt hat die Form (x | y).
Eine lineare Funktion hat die Form: $f(x) = mx + b$.
m ist die Steigung.
b ist der y-Achsenabschnitt.
Steigung m ist der Anstieg pro Schritt in x-Richtung.
Ist m positiv, steigt der Graph.
Ist m negativ, fällt der Graph.
Ist m null, ist der Graph waagerecht.
Zwei Geraden mit gleicher Steigung sind parallel.
Zwei senkrechte Geraden haben negative Kehrwert-Steigungen.
Eine quadratische Funktion hat die Form: $f(x) = ax^2 + bx + c$.
Ihr Graph ist eine Parabel.
Ist a positiv, öffnet sie nach oben.
Ist a negativ, öffnet sie nach unten.
Der Scheitelpunkt ist der höchste oder tiefste Punkt.
Man kann Parabeln verschieben.
Eine Exponentialfunktion wächst oder fällt schnell.
Sie hat die Form: $f(x) = a^x$.
Wenn $a > 1$, wächst sie.
Wenn $0 < a < 1$, fällt sie.
Eine Wurzelfunktion hat die Form: $f(x) = \sqrt{x}$.
Sie beginnt bei $x = 0$.
Eine ganzrationale Funktion kann viele Hochzahlen enthalten.
Die höchste Hochzahl heißt Grad der Funktion.